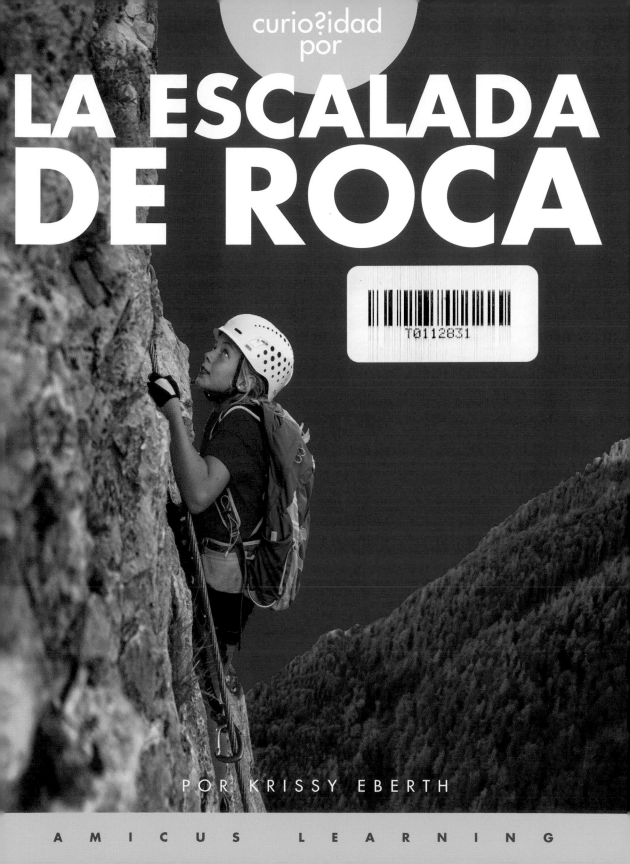

curio?idad
por

LA ESCALADA
DE ROCA

POR KRISSY EBERTH

AMICUS LEARNING

¿Qué te causa

curiosidad?

CAPÍTULO TRES

3

En exteriores

PÁGINA

18

Curiosidad por es una publicación de Amicus
P.O. Box 227, Mankato, MN 56002
www.amicuspublishing.us

Editora: Alissa Thielges
Diseñadora de la serie: Kathleen Petelinsek
Diseñadora de libro: Lori Bye

Información del catálogo de publicaciones
Names: Eberth, Kristin, author.
Title: Curiosidad por la escalada de roca / Krissy Eberth.
Other titles: Curious about rock climbing. Spanish
Description: Mankato, Minnesota: Amicus Learning, 2024. |
Series: Curiosidad por las actividades al aire libre | Includes
index. | Audience: Ages 5–9 | Audience: Grades 2–3 |
Summary: "Spanish questions and answers give kids the
fundamentals of rock climbing, including gear, equipment, and
competitions. Includes infographics to support visual learning and
back matter to support research skills, plus a glossary and index.
Translated into North American Spanish"—Provided by publisher.
Identifiers: LCCN 2023016878 (print) | LCCN 2023016879
(ebook) | ISBN 9781645497981 (library binding) | ISBN
9781645498520 (paperback) | ISBN 9781645498063 (pdf)
Subjects: LCSH: Rock climbing—Juvenile literature.
Classification: LCC GV200.2 .E3418 2024 (print) | LCC
GV200.2 (ebook) | DDC 796.522/3—dc23/eng/20230411
LC record available at https://lccn.loc.gov/2023016878
LC ebook record available at https://lccn.loc.gov/2023016879

Photo credits: Krissy Eberth, 17; Getty/Aleksandar Jankovic, 11,
DieterMeyrl, cover, 1, Don Mason, 5, peepo, 9, rcaucino, 19;
Shutterstock/africa_pink, 7, Alex Brylov, 12–13, 14, Alexandru
Nika, 6, Ariful Azmi Usman, 15, Bill45, 21, Maria Isaeva, 16,
minizen, 22

Impreso en China

Los niños pequeños pueden escalar supervisados por un adulto.

¿Tengo la edad suficiente para escalar?

¡Sí! Puedes empezar a escalar tan pronto como puedas caminar. ¡También hay **arneses** para niños pequeños! La mayoría de los niños empiezan a los 6 o 7 años de edad. Pero puedes escalar a cualquier edad. Escalar requiere de fuerza y **flexibilidad**.

Los zapatos para escalar tienen goma pegajosa en la parte de abajo.

¿Qué equipo necesito?

Primero, necesitarás unos zapatos para escalar. Estos te ayudan a agarrarte de la roca. Una cuerda, un arnés y un **dispositivo de anclaje** te ayudan a escalar de forma segura. Los escaladores usan una colchoneta contra impactos cuando están al aire libre. Siempre que escales al aire libre usa casco. ¡Nunca sabes cuándo puede caer alguna roca!

Siempre revisa tu
equipo antes de
empezar a escalar.

¿Qué pasa si me dan miedo las alturas?

No pasa nada. Muchos escaladores han **superado** este miedo. Comienzan con escaladas fáciles. Puedes empezar con los juegos de escalar de la plaza. Luego, escala un muro bajo en un escalódromo. Entre más escales, más fácil será. ¡Una vez que te acostumbres, sal al aire libre!

¿SABÍAS?

La mayoría de los muros de escalada en interiores miden entre 30 y 60 pies (9,1 a 18 metros) de alto.

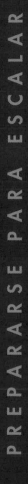

Se necesita valor y experiencia escalar un voladizo.

¿Cómo empiezo a escalar?

La mayoría de los niños empiezan en un gimnasio interior. ¡En los gimnasios hay clases, campamentos y equipos! Un entrenador te enseñará a escalar de forma segura. Aprenderás cómo ponerte el arnés y hacer un nudo. Los equipos se basan en el nivel de habilidad y en la edad.

¿SABÍAS?

Puedes competir contra niños de tu edad. Pregunta en un escalódromo. O busca en línea en el sitio web de USA Climbing.

Los niños empiezan
con rutas fáciles y van
aumentando la dificultad.

¿Qué aprenderé en la práctica de escalada de roca?

El gancho de talón le ayuda a los escaladores a superar presas difíciles.

Aprenderás sobre las diferentes **presas**. Además, un entrenador puede enseñarte nuevos movimientos. Un movimiento se llama "gancho de talón". Los escaladores usan el talón para no caerse. Esto da un descanso a tus manos y brazos. También aprenderás ejercicios de entrenamiento. Estos aumentan la fuerza para que puedas escalar por más tiempo.

PINZA

Una pinza es cuando pellizcas
la presa entre el pulgar
y los dedos.

ROMO

Un romo es una presa en
la que necesitas toda la
mano pero, en realidad,
no tiene nada de dónde sujetarse.

CANTO

Puedes usar toda la mano
para sujetarte a un canto.
Es la presa más fácil de usar.

REGLETA

Una regleta es una presa en la que
solo usas la punta de tus dedos.
¡Es difícil de agarrar!

AGUJERO

Esta presa tiene un hoyo en
medio para tus dedos.

¿Cómo puedo competir?

Dos escaladores compiten en la escalada de velocidad.

Elige una competencia. Están: la escalada en bloque, la escalada de dificultad y la escalada de velocidad. La **escalada en bloque** es cerca del suelo. No hay cuerdas ni arneses. En la escalada de dificultad se usa un anclaje. Escalas tan alto como puedas sin caerte. La escalada de velocidad es una carrera subiendo por un muro de escalada interior.

Una joven mira una presa para pies durante una escalada de dificultad.

¿Qué nudos usan los escaladores?

¡Hay muchos! Primero aprenderás el nudo con forma de ocho. Este nudo ata a tu arnés. También usarás nudos de amarre y de pescador. Estos dos nudos atan la cuerda al muro de rocas. Se usan para escalar al aire libre.

CÓMO HACER UN NUDO CON FORMA DE OCHO

Esta escaladora usó un nudo con forma de ocho para atarse a la ruta.

¿Es peligroso escalar?

No. Puedes hacerte rasguños y golpes o pequeñas lesiones. Pero es seguro si sigues las reglas de seguridad. Recuerda siempre revisar tu arnés. También, revisa tus nudos, cuerda y anclaje. Usa casco. Y nunca camines por debajo de un escalador.

¿SABÍAS?
Las rutas están clasificadas por nivel de dificultad. Entre más alto sea el número, más difícil será la escalada.

5,0–5,9
PRINCIPIANTE

5,10–5,11
INTERMEDIO

5,12–5,13
AVANZADO

5,14–5,15
PROFESIONAL

Toma dos días escalar el Mont Blanc, una montaña alta en Europa.

El valle de Yosemite Valley es conocido por sus famosas cumbres para escalar.

¿A dónde va la gente a escalar al aire libre?

¿SABÍAS?
¡Algunas personas escalan en hielo! Usan herramientas para hielo y botas con picos para sujetarse.

Algunos escalan cornisas de rocas en su área. Pero la mayoría de las personas van a un parque. Los parques locales y estatales tienen rutas para escalada. Otros, planean una escalada épica en un parque nacional. Yosemite y Zion son lugares excelentes. Una escalada al aire libre puede tomar horas o días. Pero la vista desde la **cumbre** vale la pena todo el esfuerzo.

HAZ MÁS PREGUNTAS

¿Cuál es el muro de escalada más alto?

¿Por qué usan tiza los escaladores?

Prueba con una PREGUNTA GRANDE:

¿Cómo afecta la escalada la superficie de la roca?

BUSCA LAS RESPUESTAS

Busca en el catálogo de la biblioteca o en Internet.

Pueden ayudarte tus padres, un bibliotecario o un maestro.

Usar palabras clave

Busca la lupa.

Q

Las palabras clave son las palabras más importantes de tu pregunta.

?

Si quieres saber sobre:

• dónde está el muro de escalada más alto, escribe: MURO DE ESCALADA MÁS ALTO

• tiza para escalar, escribe: USOS DE LA TIZA PARA ESCALAR

GLOSARIO

arnés Un conjunto de correas que se usan para conectar a una persona con algo, generalmente por seguridad.

cumbre La cima de un risco o montaña.

dispositivo de anclaje Una pieza mecánica del equipo de escalada usada para controlar una cuerda durante la escalada.

escalada en bloque Escalada que se realiza en grandes rocas en exteriores o en muros de rocas en interiores, sin el uso de cuerdas ni arneses.

flexibilidad La capacidad para doblarse fácilmente.

presa Un agarre con cierta forma que suele estar pegado al muro de escalada para que los escaladores puedan agarrarse a él o pisarlo.

superar Lidiar exitosamente con algo o lograr el control de algo.

ÍNDICE

Acerca de la autora

A Krissy Eberth le encanta la aventura, especialmente escalar en roca con su esposo y sus dos hijas. Cuando no está en su escritorio, se la puede encontrar esquiando, practicando senderismo o recorriendo en bicicleta los caminos del norte de Minnesota.